JOSEPH BRICHARD

LETTRE

A UN ANONYME

Prix : 20 centimes

SALINS

IMPRIMERIE, LITHOGRAPHIE ET LIBRAIRIE BILLET

77, GRAND'RUE DU BOURG-DESSUS, 77

1871

I

Monsieur ,

J'aime le repos ; et quand bien même l'idée d'écrire le récit
des événements politiques et militaires auxquels je me suis
trouvé récemment mêlé, se soit présentée quelquefois à mon
imagination, j'avais résolu de garder le silence et de conserver
pour moi des souvenirs qui me sont chers, parce qu'ils me
laissent le calme que donne la conscience du devoir accompli.

J'avais oublié que tout homme qui a vécu de la vie publique,
fut-ce pendant un seul jour, peut être appelé à repousser les
attaques inspirées par des haines vaniteuses et par ce sot or-
gueil qui fait traiter en ennemi celui qui a eu raison lorsqu'on
a eu tort. Mais les vilains côtés de l'humanité se sont bien vite
présentés à mes yeux, et c'est sans un grand étonnement,
quoique avec une certaine colère, que j'ai trouvé mon nom
mêlé à une polémique dans laquelle vous n'aviez certainement
en face qu'un seul adversaire.

II

Je signe cette lettre ; je suis *marchand et capitaine,* comme vous le dites avec un élégant dédain et un charmant atticisme; mais vous, qui êtes-vous? Etes-vous homme, femme, ou auvergnat? Si ma réponse vous blesse, aurai-je à redouter le revolver de Lucrèce, ou serai-je menacé par la seringue sacrosainte de M. Babey, *maire et apothicaire?* Ou bien encore, est-ce vous qui avez reçu une balle au pied d'un cheval prussien?

Vous raillez agréablement l'héroïsme de M. Brichard et de M. Claudet : l'héroïsme ne se trouve pas dans toutes les pharmacies, et l'ex-municipalité de Salins n'en a jamais eu à sa disposition ; quant à vous, Monsieur, avant de parler de choses qui vous sont manifestement étrangères, démasquez-vous ; — en restant caché vous ferez croire que vous avez peur d'un coup d'épée.

Vous prétendez que M. Claudet a eu pour but de chanter mes louanges ; Monsieur, je ne permettrai à personne de faire mon apologie ; si j'ai accompli mon devoir ma satisfaction personnelle me suffit. D'ailleurs M. Claudet a trop de tact pour tomber dans le travers que vous lui imputez, et je vous défie de trouver dans son livre une seule appréciation critique ou élogieuse de mes actes.

III

Vous me paraissez encore novice dans l'art du pamphlétaire; avec le vulgaire vous pouvez bien tronquer des paroles prononcées et torturer des textes de pétitions, mais un homme habile éviterait de se frotter précisément à celui qui possède les documents authentiques, où sont consignés, non-seulement les textes exacts des *pétitions*, mais encore *la totalité* des paroles prononcées à Belin et à St-André, dans les grotesques scènes des sommations de capituler.

Par pudeur patriotique, toutes ces paroles n'ont pas encore été publiées ; certaines d'entre elles rentrent bien dans le rôle d'un officier Prussien, mais elles se changent en forfaiture dans une bouche française. Plus tard, nous dévoilerons peut-être jusqu'à quel point le rôle des citoyens municipaux a été *passif* dans cette circonstance ; jusqu'à ce jour, nous avons évité de le faire pour ne pas jeter une tache indélébile sur certains noms.

IV

Mais où vous faites preuve d'une maladresse phénoménale, c'est lorsque vous qualifiez de *faute énorme et grossière* et *d'accusation criminelle*, l'émission du mot de trahison et son application hypothétique à des membres de l'ex-municipalité.

Monsieur, je ne suis plus à l'âge où l'on commet des étourderies ; en prononçant le mot qui vous inspire une aussi légitime horreur, je n'ai commis de faute ni énorme ni légère, ni grossière ni raffinée ; et pour le prouver je n'ai pas même besoin de fouiller dans l'arsenal des lois militaires, les lois civiles me fourniront immédiatement une réponse accablante.

Ecoutez le code pénal :

« Art. 77. — Sera puni de mort, quiconque aura pratiqué
« des manœuvres ou entretenu des intelligences avec les en-
« nemis de l'Etat, à l'effet de faciliter leur entrée sur le terri-

« toire et dépendances du Royaume, ou de leur livrer des
« villes, forteresses, places, postes, ports, magasins, arse-
« naux, vaisseaux ou bâtiments appartenant à la France, ou
« de fournir aux ennemis des secours en soldats, hommes, ar-
« gent, vivres, armes ou munitions, ou de seconder les pro-
« grès de leurs armes sur les possessions ou contre les forces
« françaises de terre ou de mer, soit en ébranlant la fidélité
« des officiers, soldats, matelots ou autres, envers le Roi et
« l'Etat, soit de toute autre manière. »

En laissant même de côté les demandes de capitulation, les
pétitions lancées les 27 et 28 janvier, par la municipalité,
avaient précisément pour but de *favoriser les progrès des ar-
mées prussiennes en leur ménageant dans Salins un séjour in-
violable,* de plus, cette pétition bourrée d'un millier de signa-
tures et placée sous la gorge des commandants des forts, avait
aussi pour but *d'ébranler la fidélité de ces officiers.* En un mot,
ces pétitions tendaient à rappeler les Prussiens que nous
avions chassés, pour leur livrer Salins que nous avions déli-
vré.

V

Si maintenant je consulte la loi du 9 août 1849, sur l'état
de siége, je lis :

Art. 9. § 3. — L'autorité militaire a le droit.......

3° D'ordonner la remise des armes et munitions, et de pro-
céder à leur recherche et à leur enlèvement.....

En refusant de livrer les canons et les munitions, la municipalité s'insurgeait contre cet article, et commettait un acte
de rébellion qui, en présence de l'ennemi, pouvait fort bien
entraîner même une *exécution sommaire.*

Vous voyez, Monsieur, que vous vous pressez un peu trop de qualifier de *criminelle accusation,* les paroles que j'ai prononcées ; s'il y a faute *énorme et grossière,* elle est loin d'être de mon côté, et je crois que vous auriez agi avec prudence en vous abstenant de lever ce lièvre, au moins jusqu'à ce que la prescription soit acquise.

VI

Vous m'avez attaqué directement, sans raisons et sans motifs ; aujourd'hui je me borne à me défendre, mais si demain de nouvelles hostilités se manifestaient contre moi, je sortirais de ma placidité et je prouverais que j'ai bec et ongles.

J'ai reconnu que, dans ce bas monde, la bonté était une duperie, et je ne pratique plus guère la maxime évangélique de rendre le bien pour le mal : Si je reçois un soufflet sur la joue droite, la joue gauche de mon adversaire reçoit immédiatement le complément.

Je n'ai pas encore oublié les sauvages menaces qui ont été proférées le 27 janvier contre les commandants des forts, dans la salle de la mairie changée en foyer de sédition ; n'est-ce pas là, que sous la protection de la municipalité, un énergumène de haute futaie, célébrait les bienfaits de l'occupation prussienne et vociférait ces paroles odieuses :

« Les forts ne nous appartiennent-ils pas?... N'est-ce pas
« nous qui les payons, ces bicoques?... N'est-ce pas nous
« qui les entretenons et n'avons-nous pas le droit de les
« rendre?... Les commandants des forts devraient être brûlés
» vifs !!!... »

Si encore l'influence de ces clameurs se fût restreinte à la ville elle-même, le mal eut été moins dangereux ; mais déjà leurs effets dissolvants se faisaient sentir jusque dans les forts et menaçaient d'entraîner d'irréparables malheurs : Un homme de ma batterie, poussé par sa famille, et voulant sans doute imiter la municipalité, colportait aussi sa petite pétition, et la faisait signer pour demander la reddition du fort Belin.

Jamais cet imbécile n'a su combien il avait été près d'être fusillé. Et cependant sur qui aurait retombé la première responsabilité de cette exécution terrible mais nécessaire ?

VII

L'ex-municipalité de Salins est tombée sous le mépris public, elle a mérité son sort ; émanation d'une dictature qui a gaspillé la défense nationale, elle a montré la même ineptie que l'autorité dont elle procédait. Lorsque la préfecture dépouillait le Jura de ses forces vives en éloignant les mobilisés, l'édilité salinoise n'opposait aucun veto ; et même, au moment de l'orage, elle prétendait enlever aux commandants des forts les éléments que ceux-ci avaient recueillis, ce qui aurait compromis d'une manière encore bien plus dangereuse la défense locale.

Par ses défaillances après la lutte, elle a jeté la panique dans la ville et démoralisé la population en l'entraînant à des démarches compromettantes pour sa dignité. Plusieurs citoyens, honteux du rôle qu'on leur a fait jouer, m'ont déclaré depuis qu'ils feraient leur possible pour chasser ces élus de Trouillebert de toutes les fonctions publiques, municipales ou autres, salariées ou non.

Faut-il parler encore des prévenances dont ces messieurs comblaient les officiers prussiens en froissant le sentiment national, pendant que les défenseurs de Salins étaient mis à l'index ? Faut-il rappeler l'abandon dans lequel ont été laissés les combattants de la garde nationale ? Aucune proposition n'a été faite en leur faveur, lorsque les résultats obtenus exigeaient au moins l'exécution des lois favorables aux blessés, aux veuves et aux orphelins. Sans doute, vous verrez là un noble désintéressement, digne des temps antiques, mais moi j'y reconnais simplement une hostilité mal déguisée contre ceux qui avaient fait face à l'ennemi. Pour mon compte, j'ai méprisé les petites avanies qui m'étaient faites par des gens que j'aurais pu balayer d'un souffle, mais il est un scandale qui a révolté la conscience publique et que je tiens à signaler :

VIII

En ce moment-ci, agonise sur un lit d'hôpital un vieil et brave officier, M. Prétet (1) ; il n'a jamais attaqué Napoléon, comme M. Babey, mais il a attaqué les Prussiens. Son grand âge le dispensait certainement de prendre une part active à la défense de Salins ; mais à l'approche de l'ennemi, une vieille étincelle patriotique vint le guider, il prit un fusil et montra aux jeunes le chemin du devoir. Frappé mortellement le 25 janvier, il est resté jusqu'à ce jour sur son lit de douleur sans qu'un membre de la municipalité soit venu lui tendre une main amie et lui apporter les témoignages de la reconnaissance de ses concitoyens.

Sans doute, vous invoquerez les occupations multiples qui

(1) M. Prétet est mort le 12 mai.

assiégeaient les citoyens municipaux ; oui ! ces occupations étaient variées ; l'un de ces messieurs s'occupait même de l'agriculture et lui faisait subir d'étranges perfectionnements :

Dans la matinée du 26 janvier, ayant enterré ses cartouches dans un jardin, ce semis de nouvelle espèce a produit une miraculeuse récolte, dont les hautes tiges s'épanouissent dans le salon du valeureux patriote : Un chassepot bronzé et un fusil à répétition !

IX

Un mot encore, Monsieur ; j'ai touché à l'idole et j'entends déjà vos exclamations sur le peu de convenance qu'il y a à s'occuper d'un mort ; vous me parlez d'une tombe muette, d'une cendre à peine refroidie ;.... Dispensez-vous d'aller plus loin ; j'ai la prétention de ne pas être tout à fait un niais :

Je laisse de côté la vie privée de l'homme, mais les actes de la vie publique d'un fonctionnaire public m'appartiennent, et je veux les juger après comme avant sa mort, avec la même liberté que les actes de Mahomet ou de Robespierre. Si ce fonctionnaire a été traitre, que sa mémoire soit flétrie ; s'il a commis des actes de faiblesse, qu'il soit blamé ; s'il a été grand, qu'il soit glorifié et que l'honneur de son nom soit transmis à ses descendants.

Mais ne venez pas canoniser M. Babey, ni m'offrir sa photographie ; ne cherchez pas à mentir à l'histoire en lui attribuant des actes d'énergie dont il était d'ailleurs incapable par suite de l'affaiblissement de ses facultés.

Dites, si vous voulez, qu'il fut bon pharmacien, bon époux, et même vertueux citoyen ; mais je veux conserver le droit de dire que, comme maire de Salins, il ne fut pas à la hauteur de ses fonctions.

Salins, le 10 mai 1871.

J. BRICHARD.

Marchand et Capitaine.

POST SCRIPTUM.

Au moment de publier la lettre précédente, on m'annonce qu'une attaque odieuse se prépare contre des sous-officiers qui ont été récemment l'objet de distinctions honorifiques ; on me dit que cette attaque est soudoyée par les ex-municipaux, qui auraient nolisé à cet effet un étranger expert en déclamations hargneuses.

Le Chef de l'Etat a trouvé que les résultats obtenus à Salins étaient assez beaux pour accorder des récompenses à ceux qui les avaient préparés, et il a fait droit aux demandes formées par moi en faveur de ceux que j'ai jugés les plus dignes ; j'ai fait mon devoir de chef de corps, comme ces jeunes gens ont fait leur devoir de soldats braves, laborieux, disciplinés et pleins d'honneur.

Tous ceux qui dans les combats ont exercé le sacerdoce du commandement savent d'ailleurs que ces choix sont toujours inspirés par une équité austère, que des traitres sont incapables d'apprécier.

Depuis quelques jours déjà, je savais qu'une certaine agitation se manifestait dans la garde nationale ; les municipaux gambettistes fomentaient la jalousie, et leurs mains impures établissaient des listes, préparaient des pétitions, etc.

Ces communards déchus n'ont plus à se mêler de cela ; c'est à la municipalité nouvelle qu'il appartient désormais de prendre des mesures réparatrices et d'établir des états de propositions ; nous savons qu'elle s'en occupe et nous l'en félicitons.

Quant à nous, nous apprendrons avec une satisfaction profonde la réception de quelques-uns de nos frères de la garde nationale, dans la grande famille qui a pour devise : Honneur et Patrie ; certains d'avance que nous ne trouverons pas leurs noms sur ces pétitions impies, que l'on croirait dictées par l'état-major prussien, et que les générations futures flétriront comme entachées de félonie.

Salins, le 20 mai 1871.

J. BRICHARD.

Salins impr. Billet.